Carolin Lüdemann

Schlagfertigkeit für Frauen

Carolin Lüdemann

Schlagfertigkeit für Frauen

Schnell, angemessen und intelligent kontern

REDLINE WIRTSCHAFT

Bibliografische Information der Deutschen Nationalbibliothek
Die Deutsche Nationalbibliothek verzeichnet diese Publikation in der Deutschen Nationalbibliografie. Detaillierte bibliografische Daten sind im Internet über http://dnb.d-nb.de abrufbar.

ISBN 978-3-636-01426-9

Ein Unternehmen von Süddeutscher Verlag | Mediengruppe.
www.redline-wirtschaft.de

Redaktion: Leonie Zimmermann, Landsberg am Lech
Lektorat: Kerstin Weigel, Landsberg am Lech
Umschlaggestaltung: Vierthaler & Braun, München
Umschlagabbildung: Image Source
Satz: Jürgen Echter, Redline GmbH
Druck: Pustet, Regensburg
Printed in Germany

Inhaltsverzeichnis

Anmerkung

Um die Arbeiten mit diesem Buch für Sie möglichst einfach und effizient zu gestalten, haben wir wichtige Textpassagen mit folgenden Icons gekennzeichnet:

Achtung, wichtig

Aufgabe, Übung

Das sollten Sie auf jeden Fall vermeiden.

Beispiel

Tipp

Vorwort

Schlagfertig ist jede Antwort, die so klug ist,
dass der Zuhörer wünscht, er hätte sie gegeben.
Elbert Hubbard (1856–1915), amerikanischer Schriftsteller

Leider fällt frau die passende Antwort auf eine freche Bemerkung oft erst dann ein, wenn es schon zu spät ist. Warum bleiben gerade Frauen stumm, wenn sie jemand mit einer spitzen Bemerkung aus dem Konzept bringt? Welche Mechanismen laufen im Kopf ab, wenn Ihnen partout keine smarte Antwort auf dumme Sprüche einfallen will – Sie aber hinterher in Gedanken umso einfallsreicher sind?

Die Antworten darauf sind vielfältig. Klar ist, dass frau Schlagfertigkeit trainieren kann, um in Zukunft mühelos Kontra zu geben. Schlagfertig zu sein bedeutet aber nicht, jemanden möglichst schnell mundtot zu machen. Dabei laufen Sie nur Gefahr, den anderen zu beleidigen und sich dadurch selbst den Schwarzen Peter zuzuspielen. Viel besser ist es, die Schlagfertigkeit mit der Sportart Judo zu vergleichen: Ohne eigene Kraftanstrengung können Sie den Sprücheklopfer abwehren und ins Leere laufen lassen – und danach wieder zu einer sachlichen Diskussion zurückkehren oder das Gespräch charmant beenden. Schlagfertig zu sein ist also die Fähigkeit, spontan und gern witzig auf eine unvorhergesehene Situation zu reagieren. Und sei es, indem frau einfach mal überraschenderweise nichts sagt.

Ich wünsche Ihnen viel Vergnügen bei der Lektüre dieses Buches und hoffe, dass Sie dadurch viele wertvolle und schlagfertige Erkenntnisse erlangen werden!

Ihre
Carolin Lüdemann

1 Psychologisch richtig kommunizieren

Warum wir uns überrumpeln lassen

Schlagfertig zu sein bedeutet, schnell auf unvorhergesehene Situationen reagieren zu können. Tatsächlich ist das Wort „Schlagfertigkeit" dem Militärjargon entliehen. Dort bedeutet die Formulierung, dass eine Truppe zum sofortigen Einsatz bereit ist. Erst im 19. Jahrhundert bekam der Begriff „Schlagfertigkeit" die Bedeutung, um keine Antwort verlegen zu sein. Schon allein die Tatsache, dass die Formulierung aus dem militärischen Sprachgebrauch stammt, zeigt, dass es sich nach allgemeiner Auffassung um eine fast kriegerische Auseinandersetzung handelt, wenn Schlagfertigkeit gebraucht wird.

Für mich bedeutet Schlagfertigkeit jedoch nicht, streitsüchtig oder aggressiv zu sein. Im Gegenteil: Schlagfertigkeit ist die positive Eigenschaft, spontan und humorvoll kontern zu können. Es kommt entscheidend darauf an, sich bei einer solchen Antwort eben nicht auf das meist peinliche Niveau des Gegenübers zu begeben. So gesehen ist Schlagfertigkeit eine Art Notschalter, der das Gespräch wieder auf eine angemessene Ebene bringt und gleichzeitig signalisiert, dass frau sich nicht als Opfer verbaler Attacken eignet.

Schlagfertigkeit wird in der französischen Sprache übrigens mit der eleganten Formulierung „les mots d'escalier" ausgedrückt: Die passenden Worte fallen Ihnen erst „auf der Treppe" ein, wenn Sie den Schauplatz des Geschehens schon wieder verlassen haben und es für eine pfiffige Erwiderung zu spät ist. Wie ärgerlich! Nur ein paar Sekunden früher – und Sie hätten dem Gegenüber mal ordentlich die Meinung sagen oder ihm zumindest eine passende Erwiderung an den Kopf werfen können.

Statt dem Gegenüber sind Sie es nun, die sprachlos zurückgelassen wurde, und Sie trösten sich jetzt damit, wenigstens in Gedanken mit sprachlich ausgefeilten Erwiderungen auf Rachefeldzug zu sein. Es liegt jedoch in der Natur der Sache, dass Ihr Gesprächspartner, dem diese Erwiderungen gelten sollten, sich schon längst wieder anderen Dingen widmet. Vermutlich hat er die für seine Begriffe erfolgreich beendete Diskussion bereits wieder vergessen – Sie dagegen tragen sie in Gedanken immer noch mit sich herum und ärgern sich über Ihre verpassten Chancen.

Die Frage, wann Schlagfertigkeit gebraucht wird, scheint klar zu sein: Immer dann, wenn Sie unangemessen angesprochen oder attackiert wurden. Aber wer entscheidet eigentlich, wann ein verbaler Angriff vorliegt? Ist es Ihr Gegenüber, das Sie mit einer dummen Bemerkung auf die Palme bringt? Oder sind es die Umstehenden, die erschrocken die Luft anhalten und Ihre Reaktion gespannt abwarten? Ich hoffe, dass es keiner der beiden ist, der Sie in Rage bringen kann. Ich hoffe das deshalb, weil Sie keinem Ihrer Mitmenschen so viel Macht über sich geben sollten, dass er Sie nach Belieben steuern kann: Sei es, indem er Sie aus der Fassung bringt – oder Ihnen mit positiven Bemerkungen ein gutes Gefühl geben (und nehmen) kann. Letzten Endes sind Sie selbst der wichtigste Mensch, der die Macht über Ihre eigene Gefühlswelt haben sollte. Sie selbst können steuern, ob Sie sich angegriffen fühlen und wie Sie reagieren wollen. Wohlgemerkt: Verletzende Bemerkungen sind fast immer Bemerkungen, die auf der Beziehungsebene stattfinden. Bemerkungen, die Sie emotionalisieren und wütend machen oder verletzen können.

Sicher ist es anfangs nicht ganz einfach, sich von solchen Angriffen zu distanzieren und sie elegant abzuwehren. Viele Teilnehmerinnen meiner Seminare berichten mir, dass sie fassungslos und vor allem sprachlos sind, wenn ihnen jemand eine unverschämte Bemerkung auf den Tisch knallt. Eine solche Reaktion ist nicht selten und hat einen jahrtausendealten Ursprung: Als unsere Vorfahren noch Jäger und Sammler waren, sahen sie sich auf ihrer Suche nach Nahrung und Feuerholz oft unerwarteten Gefahren ausgesetzt. So konnte es passieren, dass sie plötzlich einem wilden Tier begegneten, das sie als Beute identifiziert hatte. In solchen Situationen standen nur die Optionen „Kampf oder Flucht“ offen. Meist folgte der Entschluss, sich möglichst schnell in Sicherheit zu bringen, also zu fliehen. Um die letzten Kraft- und Energiereserven zu aktivieren, setzte der Körper Adrenalin frei. Adrenalin, auch Epinephrin genannt, wird in Stresssituationen ausgeschüttet, erzeugt eine Steigerung der Herzfrequenz und einen Anstieg des Blutdrucks. Dadurch werden optimale Bedingungen erzeugt, um den Körper zu Höchstleistungen anzuspornen und sich schnell in Sicherheit zu bringen – allerdings mit einem heute lästigen, aber damals sinnvollen Nebeneffekt: Das bewusste Denken wird gleichzeitig reduziert. Denn wer erst lange darüber nachdenken muss, ob und wohin er rennen soll, hat schon viel wertvolle Zeit verloren und wird umso schneller eingeholt.

Zwar besteht heutzutage meist keine körperliche Gefahr, wenn uns ein verbaler Angriff trifft. Die automatischen Reaktionen, die unser Körper auf eine derartige Aktion zeigt, sind jedoch die gleichen geblieben. Darum macht Stress schlicht und ergreifend dumm. Denn aufgrund der Stresssituation reagiert unser Gehirn limitierend: Alle Denkfunktionen werden minimiert. Zwar haben wir viel Kraft in unseren Muskeln, aber leider sehr wenig kreative Geistesblitze. Eindeutig ein Nachteil, wenn frau auf der Suche nach der pfiffigen Retourkutsche ist, und somit auch der Grund, warum wir stumm bleiben wenn uns jemand „dumm kommt“.

Meist versuchen Frauen umso verzweifelter, eine Erwiderung zu finden, je öfter sie diese Sprachlosigkeit schon erlebt haben. Das Gemeine daran ist, dass genau diese Sichtweise der garantiert beste Weg ist, die stumme Ohnmacht zu fördern. Warum das so ist, ist schnell und einfach erklärt: Sie befinden sich dank der unerwartet fiesen Bemerkung des anderen ohnehin in einer Stresssituation. Es ist daher schwierig für Sie zu kontern, weil das Adrenalin sich schon auf den Weg in Ihre Blutbahnen gemacht hat. Als wäre das nicht schon genug, erhöhen Sie selbst nun noch den Stress, indem Sie sich unter Druck setzen und von sich verlangen, sofort schlagfertig zu kontern. Das Ergebnis ist nur ein leerer und manchmal auch roter Kopf, ein schneller Pulsschlag, aber leider weit und breit kein raffinierter Konter auf der Zunge. Der Grund dafür ist zu viel Stress und zu viel blockierendes Adrenalin.

Tipp

Ein wichtiger Schritt zur Besserung ist, diesen Stress bewusst nicht zuzulassen. Sie entscheiden, was Sie an sich heranlassen und wie Sie reagieren. Erste Hilfe aus einer solchen Situation bieten die folgenden Punkte:

1. Schnappen Sie nach Luft: Der Ausspruch hat durchaus seine Berechtigung. Meist halten wir nach einem Angriff nämlich vor lauter Schreck die Luft an. Atmen Sie tief ein und wieder aus – Ihr Gehirn braucht Sauerstoff, um klar denken zu können. Kommen Sie dadurch zur Ruhe.
2. Nehmen Sie sich Zeit: Wer sagt, dass Sie sofort kontern müssen? Niemand! Im Normalfall ist Ihr Gesprächspartner so neugierig auf Ihre Reaktion, dass er sie auch ein paar Sekunden länger abwarten wird. Selbst wenn Ihnen gar nichts einfällt, können Sie immer noch sagen, dass Sie auf die Bemerkung übermorgen oder am nächsten Montag antworten werden. Damit hat der andere garantiert nicht gerechnet – und das Überraschungsmoment gehört Ihnen!

3. Warum kompliziert, wenn es auch einfach geht? Mal ganz ehrlich: Die fiese Bemerkung Ihres Gegenübers gehört ja nun nicht gerade zu den fairen Spielregeln oder zum guten Ton. Warum also wollen Sie sich mit der Antwort darauf so viel Mühe geben? Meist sind es der andere und seine Bemerkung gar nicht wert, dass Sie viel Zeit und Gedanken darauf verschwenden.

Was gesagt wird, ist nicht immer das, was gehört wird

Wie viele Elemente in einer Nachricht stecken, verdeutlicht das folgende Beispiel: Ein Ehepaar sitzt im Auto und der Mann fährt. In einigen Metern Entfernung befindet sich eine Ampel, die gerade auf Grün umgesprungen ist. Die Frau sagt zu ihrem Mann: „Du, da vorne ist grün!“, worauf der Mann erwidert: „Fährst Du oder fahre ich?“

Die Frau wollte ihrem Mann mit dem Satz „Da vorne ist grün“ vier verschiedene Dinge mitteilen, wenn man das Kommunikationsmodell nach Friedemann Schulz von Thun zugrunde legt:

1. Die Ampel ist grün. (Sachinformation)
2. Ich nehme aufmerksam am Straßenverkehr teil und ich habe es eilig. (Selbstdarstellung)

3. Die Nachricht informiert durch Betonung, Gestik und Mimik darüber, wie die Ehepartner zueinander stehen. (Beziehungsinformation)
4. Bitte fahre los! (Aufforderung)

Auf Nachrichten in der Beziehungsebene reagiert der Empfänger normalerweise besonders sensibel. Denn hier wird er in bestimmter Weise angesprochen oder kritisiert. In unserem Beispiel gibt die Frau durch ihren Hinweis zu erkennen, dass der Mann nicht so aufmerksam am Straßenverkehr teilgenommen hat wie sie. Womöglich traut sie ihm nicht zu, den Wagen vernünftig zu steuern – zum Beispiel weil er mit den Gedanken woanders ist. Da hier die Erwiderung des Mannes recht patzig ausfällt, ist anzunehmen, dass er die Nachricht auch exakt so aufgefasst hat.

Unter Umständen haben wir selbst also Mitverantwortung, wenn uns jemand eine patzige Erwiderung gibt: Vielleicht haben wir ihn auf der Beziehungsebene dergestalt angesprochen, dass er sich von uns angegriffen fühlt und sich nun zu wehren versucht. Wahr ist nämlich nicht, was Sie sagen, sondern was der andere versteht. Daraus folgt auch der Schluss: Wenn der andere eine Nachricht von Ihnen falsch interpretiert, sind Sie verantwortlich.

Beziehungsebene – Inhaltsebene

Wenn Sie jemandem etwas erzählen, geben Sie mit Ihren Worten Fakten bekannt (Sachinformation) und kommunizieren dadurch auf einer Inhaltsebene. Durch die Art und Weise, wie Sie diese Worte aussprechen, sagen Sie gleichzeitig etwas über die Qualität Ihres Umgangs miteinander aus und kommunizieren dadurch auch auf einer Beziehungsebene. Indem Sie also einen simplen Satz sagen („Die Ampel ist grün."), kommunizieren Sie mindestens auf zwei Ebenen: der Sach- und der Beziehungsebene.

Männer vertreten oft die Auffassung, dass die Sachebene die entscheidende Kommunikationsebene ist. Frauen bekommen in Diskussionen mit Männern daher häufig Sätze zu hören, die folgendermaßen lauten: „Lass uns doch erst mal über die Sache sprechen. Du fängst schon wieder an, über die Art und Weise zu reden, wie ich dir gegenüber das besagte Thema angesprochen habe, aber das hat mit der eigentlichen Sache gar nichts zu tun."

Stimmt das? Ist die Sachebene wirklich die wichtigere Kommunikationsebene? Nein, ist sie nicht – Irren ist in dem Fall männlich. Die Beziehungsebene ist die wichtigere Kommunikationsebene, weil sie die Grundlage dafür ist, dass der andere die Informationen aufnehmen kann. Solange die Beziehungsebene nämlich positiv oder zumindest neutral ist, können Informationen problemlos auf der Inhaltsebene zum Empfänger gelangen. Ist die Beziehungsebene dagegen negativ geprägt, können die

Informationen nur teilweise zum Empfänger durchdringen, weil er sich schwerpunktmäßig mit dem Ärger auf der Beziehungsebene befasst und keine Lust mehr hat zuzuhören.

Genau deshalb verletzen uns freche Bemerkungen immer wieder punktgenau. In dem Satz „Na, kommen Sie heute beim schnellen Denken nicht mit?“ steckt keine ernst zu nehmende Information auf der Sachebene. Dagegen sagt dieser Satz sehr viel über die Beziehungsebene aus. Da Frauen aber insbesondere auf der Beziehungsebene kommunizieren, trifft sie eine solche Bemerkung meist tiefer, als das bei Männern der Fall ist.

Frauen kommunizieren anders als Männer

Die amerikanische Schauspielerin Bette Davis soll auf die Frage eines Reporters, ob sie glaube, dass Frauen intelligenter als Männer seien, geantwortet haben: „Natürlich glaube ich das. Oder haben Sie je eine Frau gesehen, die einem Mann wegen seiner schönen Beine hinterherläuft?“ Klar, zunächst einmal musste ich lachen, als ich diese Anekdote das erste Mal hörte. Die Antwort ist raffiniert, schlagfertig und witzig zugleich. Sie ist aber noch ein bisschen mehr als das – bei näherer Betrachtung wird klar, dass darin durchaus Tiefsinniges zu finden ist. Obwohl sie im ersten Moment so leicht erscheint, dass frau geneigt ist, lachend darüber hinwegzugehen.

Über die Intelligenz eines Menschen geben nicht allein klassische Intelligenztests oder Schulnoten Auskunft. Als intelligent gelten auch Fähigkeiten, die unter emotionaler Intelligenz bekannt sind: Emotionale Intelligenz ist ein Sammelbegriff für Persönlichkeitseigenschaften und Fähigkeiten, die den Umgang mit eigenen und fremden Gefühlen betreffen. Die oft verwendete Abkürzung „EQ" ist leider irreführend, da es sich bei emotionaler Intelligenz genau genommen nicht um einen Quotienten handelt.

Als emotional intelligent gilt, wer sozial kompetent ist und somit die Fähigkeit besitzt, Kontakte zu knüpfen, tragfähige Beziehungen und ein gutes Beziehungsmanagement aufzubauen. Dazu gehören auch Empathie und die Fähigkeit, emotionale Befindlichkeiten anderer Menschen zu verstehen und angemessen darauf zu reagieren. Frauen verfügen im Allgemeinen über eine gut ausgeprägte emotionale Intelligenz. Ein Umstand, der es ihnen nicht leichter macht, schlagfertig zu kontern. Sie sind in diesen Momenten Opfer ihrer eigenen Ansprüche und möchten niemanden verletzen. Zwar bewahrt sie diese Haltung davor, unüberlegt zurückzupöbeln und es zu einem sinnlosen Schlagabtausch kommen zu lassen. Auf der anderen Seite bleiben sie genau deshalb oft sprachlos zurück.

Zwar bieten die verschiedenen Kommunikationsmodelle wichtige Hinweise für eine effektive Kommunikation. Sie gehen jedoch weniger auf den wichtigen Aspekt ein, dass Frauen und Männer unterschiedlich kommunizieren. Während Frauen tendenziell beziehungsorientiert agieren, verhalten sich Männer meist dominanzorientiert. Weder das eine noch das andere Verhalten soll an dieser Stelle bewertet werden. Eine allgemeingültige Regel gibt es hier sicher nicht. So ist beispielsweise auch zu erklären, warum Männer manchmal typische Frauenberufe ergreifen und umgekehrt.

Das tendenziell beziehungsorientierte Kommunikationsverhalten von Frauen zeigt sich unter anderem dadurch, dass ihnen gute Beziehungen zu anderen Menschen sehr wichtig sind. Frauen können gut auf andere Menschen eingehen und haben einen „siebten Sinn“ für den Gemütszustand anderer, was auch als Zeichen von emotionaler Intelligenz gilt. Sie schneiden in sprachlichen Tests im Durchschnitt besser ab als Männer und gelten als das „redende Geschlecht“. In Gesprächen lächeln sie häufiger als Männer und zeigen durch Kopfnicken oder bestätigende Worte wie „Hm ...“, „Ach so ...“ oder „Ja ...“, dass sie ihrem Gegenüber zuhören. Kommunikation ist für Frauen ein Gradmesser der Beziehungsqualität. Sie fragen in Gesprächen häufig nach, um so den Kommunikationsfluss in Gang zu halten. Dementsprechend bedrückend empfinden es Frauen, wenn sich die Kommunikation untereinander verschlechtert, weil der andere nicht mehr mit ihnen redet oder ihnen mit einer Bemerkung über den Mund fährt. Ihre Idealvorstellung von Kommunikation ist konfliktfrei und harmonisch.

Männer kommunizieren dagegen tendenziell dominanzorientiert. Ihnen ist in der Kommunikation weniger die Beziehung wichtig als vielmehr der eigene Status. Trotzdem haben Bindungen zu anderen Menschen für sie Bedeutung. Häufig dienen sie dazu, die eigene Stellung zu sichern, und alsbald wird ein Unter- oder Überordnungsverhältnis festgelegt. In Gesprächen suchen Männer daher gern Themen, in denen sie sich selbst darstellen und durch die sie den anderen herausfordern können. In kleinen Grabenkämpfen, die durch Widerspruch oder mit langen Monologen eingeleitet werden, testen sie den eigenen Status und finden heraus, inwieweit der andere ihnen verbal gewachsen ist.

Es ist daher logisch, dass Frauen und Männer auf Dauer nicht hindernisfrei miteinander umgehen können. Aufgrund der unterschiedlichen Kommunikationsstile ergeben sich früher oder später Differenzen. Es stellt sich aber für Sie, liebe Leserinnen, die Frage, warum Sie nicht viel schlagfertiger sind als Ihr männliches Gegenüber. Fest steht nämlich, dass Frauen die Sprache als solche besser beherrschen. Sie erzielen bei sprachlichen Tests im Durchschnitt mehr Punkte als männliche Kandidaten: Sie sind sicherer in Grammatik, ihr Wortschatz ist umfangreicher, sie finden rascher Synonyme, lesen schneller und beherrschen die Rechtschreibung meistens ebenfalls besser. Wenn nun also Männer sprachlich gesehen das schwächere Geschlecht sind, stellt sich die Frage, warum es eigentlich nicht mehr weibliche Bestsellerautoren gibt oder warum nicht mehr Frauen in der

Vergangenheit durch Sprache berühmt geworden sind. Neben Ursachen im sozialen Gefüge sind Frauen sprachlich zwar unbestritten geschickter, aber nicht unbedingt kreativer als Männer. Aber was nicht ist, kann ja noch werden: Vertrauen Sie darauf, dass Sie nach der Lektüre dieses Buches um einige Ideen reicher sein werden!

Grundlagen der Körpersprache

Gern spricht man umgangssprachlich von „Standhaftigkeit", „krummen Typen" oder „aufrechten Charakteren". Die äußere Haltung lässt eindeutige Rückschlüsse darauf zu, wie es in Ihnen aussieht: Die äußere Haltung beeinflusst nicht nur Ihre innere Haltung, sondern auch das, was andere von Ihnen denken. Umgekehrt beeinflusst die innere Haltung auch Ihre äußere Haltung: Wenn Sie eine tolle Präsentation vorgestellt haben, gehen Sie offensichtlich beschwingt und selbstbewusst durch den Rest des Tages.

Stehen Sie als Gesprächspartnerin locker und aufrecht, so vermitteln Sie automatisch Selbstsicherheit. Ist Ihre Haltung dagegen gebeugt und spannungslos, erscheinen Sie schnell unsicher und wenig durchsetzungsstark. Daraus folgt, dass Sie mithilfe Ihrer Körpersprache signalisieren können, dass Sie sich nicht als Zielscheibe von verbalen Attacken eignen: Sie sind selbstbewusst, scheuen sich nicht zu kontern und belegen dies durch einen überzeugenden Auftritt. Ein solches

Verhalten rät Attackierenden zur Zurückhaltung – deren Interesse liegt im Regelfall nämlich nicht darin, eine Auseinandersetzung zu beginnen, sondern einen sicheren Sieg einzufahren. Eine erfolgreiche Redeschlacht ohne eigene Blessuren garantiert aber nur ein Opfer, das leicht zu besiegen ist.

Standbreite

Innere Sicherheit vermitteln Sie, indem Sie Ihre Füße hüftbreit auseinanderstellen. Alles, was breiter ist, wirkt leicht selbstherrlich; alles, was schmaler ist, wirkt leicht unsicher. Begründung: Je breiter Sie Ihre Füße stellen, umso mehr Raum nehmen Sie ein. Einem Menschen, der Macht innehat, billigt man mehr Raum zu. Wer also einen breiten Stand einnimmt, wirkt mächtiger. Allerdings sollte der Stand auch angemessen sein: Derjenige, der nur den Mächtigen mimt, indem er viel Raum einnimmt, wird rasch entlarvt. Frauen neigen dazu, sich insgesamt schmaler zu machen. Sie signalisieren dadurch unbewusst, dass sie freiwillig auf Raum und Macht verzichten.

Stehvermögen

Während eines Gesprächs verharren Sie praktisch nie regungslos in einer Position. Das ist auch gut so, denn die passende Gestik und Mimik lässt Sie umso überzeugender wirken. Widerstehen Sie aber unbedingt dem Drang, sich während des Gesprächs an der Wand oder am Türrahmen anzulehnen oder sich am Tisch abzustützen. Dies mag Ihnen zwar Sicherheit geben, wirkt auf Ihr Gegenüber aber instabil oder lässig. Und wer schon nach außen Instabilität vermittelt, der trägt sie meist auch innerlich mit sich herum.

Sitzen

Die klassische Sitzhaltung der Frauen ist typisch damenhaft. Die Beine werden schräg übereinandergeschlagen, die Hände liegen auf den Beinen auf und der Kopf ist während des Gesprächs zur Seite geneigt. Meist sitzen Frauen auch nicht auf der gesamten Sitzfläche des Stuhls auf, sondern nur auf der vorderen Hälfte, und ihre Füße schlingen sich Halt suchend um die Stuhlbeine. Durch eine solche Sitzhaltung nimmt die Frau nur ganz wenig Platz und Raum für sich in Anspruch und signalisiert dadurch unbewusst Unterlegenheit. Besser ist eine Sitzhaltung mit geradem Rücken, die Hände liegen nicht untätig im Schoß, sondern werden in unterstützender Gestik eingesetzt. Durch eine Haltung der Arme nicht ganz dicht neben dem Körper oder das Ablegen der Arme auf der Armlehne wird mehr Raum eingenommen.

Kopfhaltung

Sie signalisieren durch ein Kopfnicken während des Gesprächs, dass Sie Ihrem Gegenüber zuhören. Ihr männliches Gegenüber deutet das Kopfnicken aber meist als Zeichen Ihrer Zustimmung und fühlt sich ermuntert, Ihnen seine Thesen näher zu erläutern. Sagen Sie ihm im Anschluss, dass Sie anderer Meinung sind, versteht der andere die Welt nicht mehr. Für ihn sind Ihre Körpersprache und Ihre Worte nicht kongruent; Sie wirken daher in seinen Augen sprunghaft und wenig überzeugend. Nicht selten führt ein solches Kopfnicken also zu Missverständnissen zwischen den Geschlechtern.

Auch neigen Frauen gern den Kopf zur Seite und zeigen ihrem Gegenüber damit eine sehr empfindliche Seite von sich: die Halsschlagader. Hier werden niedere Instinkte angesprochen, denn nur der Unterlegene zeigt seine verwundbarste Stelle. Und so machen Sie sich auch angreifbar. Der schiefe Kopf ist meist ein Zeichen von Emotionalität und dem Wunsch zu gefallen. Solch ein Zeichen sendet ein Mensch, der Vertrauen in seinen Gesprächspartner hat und zu ihm Nähe herstellen möchte. Es handelt sich um ein nonverbales Signal, das den Gesprächspartner direkt auf der Gefühlsebene anspricht, ohne dass er sich dessen bewusst ist.

Lächeln

Frauen lächeln in Gesprächen häufiger als Männer. Ihr Lächeln kann aber durchaus ein doppeldeutiges Signal sein. Nicht immer steht es für Freude und Zustimmung, es kann auch Milderung und Unterwerfung bedeuten. Mal angenommen, eine Frau hat mit einem Mann eine schwierige Diskussion auszufechten. Sie spricht ihn auf sein Verhalten in einer bestimmten Situation an und sagt ihm, dass sie dieses nicht in Ordnung fand. Sie legt ihren Kopf schräg und lächelt ihn an, während sie die entsprechenden Worte sagt. Ein Fehler: Dadurch mildert sie ihre Worte ab und sendet emotional uneindeutige Botschaften – das Ergebnis der Diskussion wird unbefriedigend ausfallen.

Mit der Körpersprache bringen Sie Ihren Status und Ihre Macht zum Ausdruck. Achten Sie darauf, unmissverständliche Botschaften zu senden, und machen Sie sich nicht unnötig klein. Durch eine selbstbewusste Körpersprache signalisieren Sie, dass Sie sich nicht als Opfer eignen. Wer andere attackiert, legt nämlich keinen Wert auf eine Auseinandersetzung, sondern möchte lieber einen Sieg geschenkt bekommen.

Warum eine Ritterrüstung unverwundbar macht

Wie kommt es eigentlich, dass jemand Sie mit einer einzigen dummen Aussage aus der Fassung bringen kann? Ganz einfach, Sie haben die Bemerkung an sich herangelassen, sie aufgenommen und dann haben diese Worte zielsicher einen wunden Punkt bei Ihnen getroffen. Sie fühlen sich angegriffen. Damit hat der Sprücheklopfer genau das erreicht, was er erreichen wollte: Er hat auf einen schwachen Punkt gezielt und exakt getroffen. Das für ihn befriedigende Ergebnis ist, dass Sie sich nun die kommenden Minuten oder sogar Stunden mit dem Spruch beschäftigen werden und dieser maßgeblichen Einfluss auf Ihre Stimmung haben wird. Ob Sie jetzt wütend, traurig oder enttäuscht sind – diesen Gemütszustand haben Sie Ihrem Gegenüber zu verdanken. Oder etwa nicht?

Nun, es wäre ziemlich tragisch, wenn Sie Ihr Seelenheil so leichtfertig in die Hände anderer geben würden. Es darf doch nicht sein, dass Ihr Gegenüber Sie so schnell hochnehmen und schachmatt setzen kann. Eine wichtige Regel lautet daher, dass nur Sie bestimmen dürfen, was Sie an sich heranlassen und womit Sie sich gerade nicht auseinandersetzen möchten. Sie müssen also die wertvolle Fähigkeit entwickeln, sich nicht provozieren zu lassen und eine verletzende Bemerkung einfach zu ignorieren – innerlich wie äußerlich. Andernfalls wäre jeder beliebige Mensch in Ihrer Umgebung in der Lage, Sie nach seinen Wünschen zu manipulieren und zu verärgern.

Sie müssen sich also ein dickeres Fell zulegen, eine Art Ritterrüstung, die Sie wappnet und an der die doofen Sprüche einfach abprallen und zum Gegenüber wie ein Bumerang zurückgeschossen werden. Auf diese Art und Weise grenzen Sie sich von der Stimmung der anderen Menschen bestens ab: Ob ungeduldige Kommentare, Provokationen, Arroganz oder Nervosität – das Verhalten der anderen durchschlägt Ihre glänzende Ritterrüstung nicht und Sie können sich nun emotionslos und in aller Ruhe überlegen, wie Sie reagieren wollen. Ganz egal, wie unverschämt Ihr Gegenüber auftritt, Sie müssen sich davon nicht beeinflussen lassen, wenn Sie es nicht wollen.

Um eine zuverlässige Ritterrüstung aufzubauen, stellen Sie sich vor Ihrem inneren Auge eine typische Situation vor, die Sie regelmäßig aus der Ruhe bringt: Sei es Ihr Kollege, der Ihnen immer wieder mit unpassenden Kommentaren nach dem Motto „Manche werden hier wohl nur für ihre kurzen Röcke bezahlt" den Nerv raubt, oder der ewig übel gelaunte Stammkunde, der etwas zu nörgeln hat. Schließen Sie die Augen und versetzen Sie sich so gut wie möglich in diese Situation: Wo spielt sich diese ab? In welcher Entfernung stehen Sie zu Ihrem Angreifer? Welchen Klang hat seine Stimme? Wie lautet sein Kommentar? Fühlen und sehen Sie die Ritterrüstung um sich und hören Sie, wie diese die auf Sie zukommende Bemerkung mit einem blechernen Geräusch abprallen lässt und die Worte zurück zum Angreifer schickt. Ihre Emotionen haben Sie selbst vollkommen unter Kontrolle – kein Wunder, denn schließlich konnten die Kommentare Sie nicht treffen. Sie sind völlig ruhig und sachlich. Die Ritterrüstung hat Sie bestens geschützt. Sie atmen tief und ruhig ein. Merken Sie sich dieses wohlige und sichere Gefühl der Unverwundbarkeit.

To do

Üben Sie regelmäßig in Gedanken, diese sachliche und hilfreiche Haltung einzunehmen, damit sie im Ernstfall schnell abrufbar ist. Als einfache praktische Übung bietet sich zum Beispiel an einem Samstag oder nach Feierabend der Gang in den überfüllten Supermarkt an, wo die schlechte Laune der Kassiererin an Ihnen abperlt oder die Ungeduld der anderen Kunden Ihnen nichts anhaben kann. Aus einem solchen sachlichen Zustand heraus fällt es Ihnen viel leichter, schlagfertige Kommentare zu entwickeln – ohne sich auf eine persönliche Schlammschlacht einzulassen. Machen Sie ein Spiel daraus, gewohnte Verhaltensmuster zu durchbrechen – auch Ihre eigenen. Wünschen Sie der Kassiererin einen besonders schönen Abend und seien Sie bewusst freundlich. Es macht Spaß, die eigene Souveränität zu testen und stetig Fortschritte zu sehen.

2 Strategien der Schlagfertigkeit

Jetzt rede ich – Argumente richtig in Szene gesetzt

Stellen Sie sich vor, Sie befinden sich als Rednerin mitten in einem Vortrag. Gerade legen Sie schlüssig eine Argumentationskette vor. Das Themengebiet ist schwierig, aber erklärbar – wäre da nicht der Zuhörer aus der ersten Reihe. Dieser unterbricht Sie regelmäßig, während Sie immer mühsamer versuchen, Ihre Argumentationsstrategie zu erklären und zu verteidigen. Es stellt sich also die Frage, wie frau mit solchen Unterbrechungen geschickt umgeht.

Natürlich dürfen Sie nicht zulassen, dass Ihre Autorität als Vortragende untergraben wird. Also müssen Sie den Störenfried souverän und freundlich in seine Schranken weisen. Wenn Sie ihn zu grob zurechtweisen, besteht die Gefahr, dass Sie als „ertappt" oder genervt gelten. Lassen Sie ihn aber mit seinen Bemerkungen durch Ihre Ritterrüstung hindurchdringen, reagieren Sie schnell emotional: Ihre Stimme wird lauter, der Tonfall schriller und Sie verlieren Ihren roten Faden. Der Störenfried hingegen steht ruhig wie ein Fels in der Brandung da und hat Ihnen den Schwarzen Peter zugeschoben. Sie müssen nun sehen, wie Sie sich aus dem emotionalen Würgegriff befreien und zu einer sachlichen Diskussion zurückfinden.

Sehen wir uns also einmal genauer an, worauf es bei einer guten Argumentationstechnik ankommt. Das Wort Argument hat einen lateinischen Ursprung und bedeutet so viel wie Beweismittel oder Beweisgrund. Streng genommen ist ein Argument eine Aneinanderreihung von Aussagen, die in einem Begründungszusammenhang stehen. Am Ende der Argumentationskette steht eine bestimmte Schlussfolgerung, die sich aus der Argumentationsstrategie ergibt.

Damit Ihren Zuhörern die Schlussfolgerung einleuchtet, sind zwei Faktoren von Bedeutung: Zum einen müssen Ihre Argumente zutreffend sein. Zum anderen müssen Sie die Argumente wirkungsvoll einsetzen. Wirkungsvoll einsetzen können Sie Ihre Argumente aber nur dann, wenn man Sie ausreden und begründen lässt. Gekonntes Argumentieren erfordert daher einige Regeln. Wenn Sie diese Regeln befolgen, minimieren Sie die Wahrscheinlichkeit, dass man Ihnen mit unpassenden Bemerkungen „in die Quere" kommt:

- ❑ Überdenken Sie mögliche Gegenargumente Ihres Gesprächspartners oder Ihrer Zuhörer.
- ❑ Präsentieren Sie Ihr stärkstes Argument als letztes und Ihr zweitstärkstes Argument als erstes in einer Kette.
- ❑ Bauen Sie Argumente aufeinander auf und überfordern Sie Ihre Gesprächspartner nicht, indem Sie zu viele Begründungen auf einmal präsentieren. In den seltensten Fällen geben die Zuhörer zu, dass sie nicht mehr folgen können, sondern urteilen Ihre Argumentation als unlogisch ab.

In schlüssigen Argumentationsketten müssen Sie erfahrungsgemäß die folgenden Einwände der Zuhörer entlarven können:

- „Aber Frau Maier, niemand bei Verstand wird doch bezweifeln, dass ..."
  Hintergrund: Der Vortragende soll in seiner Position und Persönlichkeit erschüttert werden. Lassen Sie sich jetzt auf diese Diskussion ein, dann verlassen Sie Ihr Themengebiet und bewegen sich von nun an auf einem Nebenkriegsschauplatz. Genau das wollen Sie nicht!
- „Nein, nein. Schließlich sagte schon Konrad Adenauer, dass ..."
  Hintergrund: Anerkannte Persönlichkeiten werden als Autoritäten zitiert.
- „Es weiß doch jedes Kind, dass ..."
  Hintergrund: Der Beweis für die nachfolgende Behauptung hinkt. Die Beweislast wurde abgewälzt, indem sie als selbstverständlich tituliert wird.
- „Letzten Endes müssen wir uns entscheiden, ob wir Tiefgaragen-Parkplätze bauen oder auf Parkplätze verzichten."
  Hintergrund: Es werden nur zwei mögliche Alternativen skizziert, obwohl es weitere Optionen (zum Beispiel ebenerdige Parkplatzflächen) gibt.

Wie Sie auf die jeweiligen Einwände eingehen und diese entkräften, hängt zum einen von der Art des Einwands ab. Zum anderen ist entscheidend, welche Reaktion zu

Ihrer Persönlichkeit passt. Nicht jedes Muster ist jederzeit sinnvoll und nicht jede Antwort ist für jede Frau geeignet. Als Faustregel gilt: Je authentischer Sie sich verhalten, desto überzeugender werden Sie sein. Ideen für die angemessene Reaktion finden Sie auf den folgenden Seiten dieses Buches.

Ausweich-Strategie: Dem Sprücheklopfer den Wind aus den Segeln nehmen

Als ich einem Bekannten erzählte, dass ich demnächst ein Buch mit dem Titel „Schlagfertigkeit für Frauen" schreiben würde, erntete ich ein lautes und zugegebenermaßen ansteckendes Lachen. Als ich fragte, was daran so lustig sei, bekam ich zur Antwort, dass dieses Buch ja schnell fertiggestellt sein müsste. Denn, so lautete die weitere Begründung, da gäbe es ja nicht viel zu sagen: Die beiden Elemente „Schlagfertigkeit" und „Frauen" würden einfach nicht zusammenpassen. Zu guter Letzt schlug er mir vor, einfach ein paar weiße Seiten als Manuskript abzugeben ...

Dass ich mich an diesen Ratschlag nicht gehalten habe, können Sie anhand dieses Buches natürlich sehen. Trotzdem musste ich damals mitlachen, weil ich seinen Spruch unverschämt frech und zugleich ziemlich kreativ fand. Außerdem war mir klar, dass er nicht böse gemeint war. Heute denke ich, meinem Bekannten war gar nicht bewusst, dass er zumindest teilweise mit seiner flapsigen Bemerkung Recht hatte.

Denn tatsächlich muss Schlagfertigkeit nicht immer damit zu tun haben, dass frau schnell zur verbalen Gegenwehr ansetzt. Sie können auch schlagfertig reagieren, indem Sie den Angreifer ins Leere laufen lassen und seine Bemerkung schlicht und ergreifend ignorieren. Oftmals ist eine verbale Attacke keine intelligente Offenbarung – warum also sollten Sie sich mit Ihrer Reaktion besondere Mühe geben? Wenn Sie sich dafür entscheiden, dem Angreifer den Wind aus den Segeln zu nehmen, bieten sich die folgenden Techniken an:

Auf Durchzug schalten

Sie tun so, als hätten Sie die Bemerkung gar nicht wahrgenommen, und fahren mit Ihren Ausführungen einfach fort. Lassen Sie sich nicht auf ein neues Diskussionsfeld führen. Achten Sie auf eine spannungs- und machtvolle Körperhaltung. Widerstehen Sie der Versuchung, später doch noch eine Retourkutsche zu servieren. Sie haben doch sicher noch wichtigere Gespräche zu führen, oder?

Nur durch Gestik und Mimik sprechen

Auch hier bleiben Sie stumm und antworten nicht mit Worten auf den Angriff. Allerdings signalisieren Sie durch Ihre Körpersprache, dass Sie die Attacke durchaus vernommen haben. Nehmen Sie Blickkontakt zu dem Angreifer auf, fokussieren Sie ihn mit großen Augen, als würden Sie vor einem neuen Weltwunder stehen. Oder nicken Sie ihm freundlich zu, schreiben Sie die Bemerkung auf ein Blatt Papier oder lächeln Sie vor sich hin, als wäre Ihnen soeben etwas Wichtiges klar geworden. Sagen Sie dabei aber keinen Ton und erklären Sie Ihre Reaktion niemals. Gehen Sie stattdessen einfach zur Tagesordnung über, als hätte es nie eine Unterbrechung gegeben.

Eine Bemerkung zu ignorieren ist insbesondere dann sinnvoll, wenn Sie sich gar nicht sicher sind, ob überhaupt ein Angriff vorliegt. Vor einigen Wochen zum Beispiel haben Sie einen alten Freund und seine neue Freundin zum Abendessen eingeladen. Sie sind vielleicht keine begnadete Köchin, aber Sie haben viel Mühe und Zeit investiert, um eine leckeres Menü zu zaubern. Nun hören Sie, wie die neue Freundin bei einem anderen Treffen erzählt, wie furchtbar sie es findet, dass man überall nur noch Rucola-Salat serviert bekommt. „Als gäbe es nichts anderes mehr. Und das Zeug schmeckt wirklich bitter. So etwas kann man seinen Gästen doch wirklich nicht anbieten."

War das nun ein Seitenhieb auf den von Ihnen als Vorspeise servierten Rucola? Oder einfach nur ein gedankenloses Versehen, so etwas in Ihrer Gegenwart zu sagen? Meist stellt sich heraus, dass die Menschen nicht tiefgründig böse und gemein sind. Sie sind wirklich nur ins Small-Talk-Fettnäpfchen getreten und haben bei der Themenwahl ordentlich danebengelegen. Was soll's – da stehen Sie sicher souverän drüber!

Eine Auszeit nehmen: Cleverer Umgang mit dem Faktor Zeit

Ihnen fällt gerade keine schlagfertige Erwiderung auf einen Angriff ein? Dann nehmen Sie sich doch einfach die Zeit für Ihre Antwort, die Sie brauchen. Atmen Sie zunächst tief ein und aus. Denken Sie daran, wie wichtig es jetzt ist, nicht die Luft anzuhalten, und dass kein Grund besteht, nervös zu werden. Erstaunlicherweise halten es die meisten Mensachen nicht lange mit einer Gesprächspause aus. Es kann also gut sein, dass Ihr Gegenüber sich verpflichtet sieht, seinen Kommentar zu rechtfertigen. Es ist allerdings schwierig, einen dreisten Angriff vernünftig zu erklären, und mit ein bisschen Glück demontiert er sich dabei selbst. Alternativ haben Sie die Möglichkeit, Ihre Antwort auf den Kommentar einfach zu verschieben, indem Sie sich eine Auszeit nehmen:

Angriff: „Ihre Präsentation war ja ein kompletter Reinfall!"
Erwiderung: „Sie werden sicher verstehen, dass ich darauf im Augenblick nicht antworten kann und werde. Könnten Sie mich kommenden Montag noch einmal darauf ansprechen?"

Ebenso können Sie den Angriff zwar wahrnehmen, ihm aber keine weitere Bedeutung zumessen. Diese Vorgehensweise ist der Durchzug-Technik ähnlich. Zwar überhören Sie den Einwand hier nicht vollkommen, gehen aber trotzdem nicht weiter auf ihn ein:

Angriff: „Das sind doch nur Hirngespinste."
Erwiderung: „Danke für Ihren Beitrag. Wir waren gerade beim Thema Akquisition ..."

Hören Sie nicht gut? Cleverer Umgang mit dem Faktor Missverständnis

Eine weitere Ausweich-Taktik ist das absichtliche Missverstehen Ihres Angreifers. Allerdings müssen Sie Ihr Gegenüber so deutlich missverstehen, dass er sich nicht sicher sein kann, ob Ihre Antwort nun Absicht war oder ob Sie ihn wirklich falsch verstanden haben. Erst dann ist es ihm zu unheimlich, seine Worte noch einmal laut und deutlich zu wiederholen. Ein leichter Sieg scheint nun nämlich nicht mehr drin zu sein – Sie haben sich als zäher als erwartet entpuppt und der andere kann sich ab sofort nicht mehr sicher sein, ohne eigene Blessuren einen neuen Angriff zu starten.

Angriff: „Sie sind ja witzig."
Erwiderung: „Spritzig? In diesem Zusammenhang? Verstehe ich nicht."

Schütteln Sie bei Ihren letzten Worten noch einmal ungläubig den Kopf und fahren Sie dann mit Ihrem Vortrag fort. Wichtig ist auch, dass Sie in den folgenden

90 Sekunden den Blickkontakt zu Ihrem Angreifer meiden. Durch eine erneute Kontaktaufnahme per Blick könnte er sich dazu aufgefordert fühlen, Ihnen seine Bemerkung zu erläutern. Das wollen Sie natürlich nicht. Erst nachdem circa 90 Sekunden vergangen sind, haben Sie alles wieder gut im Griff. Eine Rückkehr zu den ursprünglich gesagten Worten wird Ihrem Gegner unsinnig erscheinen.

Das absichtliche Missverstehen ist auch dann denkbar, wenn Sie zwar die sarkastischen Worte Ihres Gegenübers richtig verstehen, aber den Sinn vollkommen anders interpretieren. Sie ignorieren die darin enthaltene Ironie vollkommen:

Angriff: „Na, was haben Sie denn heute wieder für eine tolle Frisur!"
Erwiderung: „Danke, ich finde auch, dass mir dieser Haarschnitt besonders gut steht. Es freut mich, dass er Ihnen ebenfalls gefällt."

Richtungswechsel-Strategie: Den Angriff umleiten

Bei der vorangegangenen Ausweich-Strategie haben Sie nicht viel Mühe investieren müssen, um den Angreifer auszuschalten. Sie haben seine Bemerkung weitgehend ignoriert. Diese Technik bietet sich an, wenn Sie gerade keine Zeit haben, auf einen Angriff zu reagieren: Zum

Beispiel weil Sie mitten in einem Vortrag stecken oder weil andere wichtige Leute in das Gespräch einbezogen sind und Sie nun keine Entscheidungsschlacht riskieren wollen.

Natürlich gibt es noch weitere raffinierte Möglichkeiten, einen Sprücheklopfer in seine Schranken zu verweisen. Die entscheidende Rolle spielt hierbei das Überraschungsmoment, das sich auf Ihrer Seite befindet. Sie reagieren vollkommen anders, als Ihr Gegenüber von Ihnen erwartet. Ihr Gegenüber hat Sie bewusst verbal attackiert und wartet nun genüsslich ab, wie seine Worte bei Ihnen ankommen. Das Ziel ist klar: Der andere möchte, dass Sie Ihren roten Faden verlieren, ärgerlich werden und das letzte Wort schließlich ihm überlassen. Aber da hat er die Rechnung ohne Sie gemacht!

Die Strategie des Richtungswechsels schließt an die Ausweich-Technik an. Sie hören zwar die Bemerkung des anderen, gehen aber nicht darauf ein. Auch verraten Sie mit keinem Wimpernzucken, dass Sie die Worte Ihres Gegenübers als Angriff empfunden haben. Somit kann der andere nicht einmal wissen, ob Sie seinen Spruch wahrgenommen und verstanden haben. Im Unterschied zur Ausweich-Taktik bleiben Sie bei den darauf folgenden Worten aber nicht bei Ihrem bisherigen Gesprächsthema, sondern wechseln es abrupt und rigoros. Dadurch begeben Sie sich in eine sehr starke Position. Sie sind die Herrin des Gesprächsverlaufs – Sie entscheiden, über welches Thema Sie sprechen und über welches nicht.

Natürlich macht es unter diesen Voraussetzungen einem Sprücheklopfer bald schon keinen Spaß mehr, sich mit Ihnen anzulegen. Sein Ziel sollte ja möglichst leicht zu erreichen sein. Stattdessen haben Sie nun auch noch Stärke demonstriert und den Gesprächsverlauf in Ihre eigenen Hände genommen. Sie bieten sich als Opfer künftiger Attacken definitiv nicht mehr an. Dazu sind Sie viel zu unberechenbar geworden ...

Angriff: „Meine Güte, in diesem Kleid sehen Sie ja aus wie ein bunter Hund."
Erwiderung: „Ich habe gestern mit Herrn Müller telefoniert. Er erzählte mir, dass die Verkaufszahlen ..."

Angriff: „Die Beule da an Ihrem Auto ist aber neu. Da haben Sie ja ziemlich übel ein Hindernis mitgenommen. Wohl Tomaten auf den Augen gehabt, was?"
Erwiderung: „Ach, wissen Sie, meine Gedanken sind gerade ganz woanders. Ich frage mich, ob wir das neue Projekt nicht am besten in Teamarbeit planen sollten ..."

Angriff: „Neue Haarfarbe? Ich würde an Ihrer Stelle mal überlegen, den Frisör zu verklagen ..."
Erwiderung: „Wo Sie gerade das Stichwort Klage erwähnen. In der Rechtsabteilung ist man der Meinung, wir sollten die Streitigkeit mit der Zulieferfirma vor Gericht klären lassen ..."

Den Erwiderungsmöglichkeiten sind hierbei keine Grenzen gesetzt. Was Ihnen gerade einfällt, das erzählen Sie. Ein logischer Zusammenhang zum Angriff soll ja gerade nicht bestehen – lassen Sie Ihrer Fantasie freien Lauf:

- „Ich frage mich, wann die Zugvögel wieder aus dem Süden zurückkehren. Gestern erst habe ich einen Film über Störche gesehen ..."
- „Ich freue mich schon auf den Frühling. Tulpen sind meine Lieblingsblumen ..."
- „Wo Sie gerade davon sprechen. Jetzt sind schon wieder drei Monate des neuen Jahres um. Wie schnell die Zeit vergeht, bald schon ..."

Ähnlich funktioniert auch die etwas andere Zitate-Technik. Sie basiert ebenfalls auf der Idee, den Angreifer durch einen rigorosen Themenwechsel zu irritieren. Gleichzeitig nehmen Sie so das Gespräch in die Hand und befreien sich aus einer rechtfertigenden Situation. Nach der Erwartung des anderen sollten Sie jetzt erklären, warum Ihnen Ihre neue Haarfarbe gefällt. Genau das tun Sie aber nicht: Wenn Sie jetzt anfangen, sich zu erklären oder zu verteidigen, haben Sie bereits verloren. Sie wechseln einfach das Gesprächsthema. Anstelle von allgemeingültigen Themen (siehe oben) zitieren Sie aber Lebensweisheiten. Vollkommen irrelevant ist, ob das Zitat zu dem vorangegangenen Angriff passt. Im Gegenteil: Je weniger es passt, umso verwirrender ist der Effekt und umso besser lassen Sie den Angriff ins Leere laufen.

Angriff: „Jetzt seien Sie mal nicht so vorlaut."
Erwiderung: „Wie man immer so sagt: Aller guten Dinge sind drei."

Angriff: „Wenn ich in Ihre Richtung sehe, habe ich den Eindruck, mich blickt ein Esel an."
Erwiderung: „Na ja, keine Flamme ohne Rauch."

Angriff: „Die Röcke hier werden ja auch immer kürzer. Werden Sie dafür bezahlt?"
Erwiderung: „Ich zitiere gern das Sprichwort: Scherben bringen Glück."

Weitere bekannte Sprichwörter sind:

- ❑ Viele Köche verderben den Brei.
- ❑ Steter Tropfen höhlt den Stein.
- ❑ Stille Wasser sind tief.
- ❑ Zeit ist Geld.
- ❑ Der Apfel fällt nicht weit vom Stamm.
- ❑ Der Teufel ist nicht so schwarz, wie man ihn malt.
- ❑ Ende gut, alles gut.
- ❑ Gegensätze ziehen sich an.
- ❑ Morgenstund hat Gold im Mund.
- ❑ Auge um Auge, Zahn um Zahn.
- ❑ Alle Wege führen nach Rom.
- ❑ Besser den Spatz in der Hand als die Taube auf dem Dach.

Tipp Natürlich gilt auch hier die Regel, dass Sie Ihre Antwort bzw. das Sprichwort niemals erklären. Sie geben Ihre Schlagfertigkeitsstrategie Ihrem Gegenüber nicht bekannt. Da Ihr Angreifer aber vermutlich verzweifelt den Sinn hinter Ihren Worten sucht und nicht fündig wird, ist es möglich, dass er Sie danach fragen wird. Das kann in der nächsten Sekunde geschehen oder erst Stunden später. Wenn Ihnen eine Nachfrage gestellt wird, so fordern Sie den anderen einfach dazu auf, weiter nach dem Sinn Ihrer Worte zu suchen. Bringen Sie zum Ausdruck, dass Sie ihm zutrauen, selbst das Rätsel zu lösen.

Wenn es sich um einen Angreifer handelt, mit dem Sie sowieso noch eine Rechnung offen haben, können Sie ihm zwar nicht den Todesstoß, aber doch den endgültigen Verwirrungsstoß versetzen. Antworten Sie einfach mit einem weiteren unpassenden Zitat oder Sprichwort auf seine Frage:

Frage: „Ich verstehe nicht ganz, wie Sie das gemeint haben."
Erwiderung: „Hm, ja ... ich habe mich vielleicht undeutlich ausgedrückt. Ich wollte damit sagen, dass viele Köche den Brei verderben."

Selbst wenn es Ihnen passiert, dass Sie aus Versehen mal ein Sprichwort durcheinander bringen („Besser die Taube in der Hand als den Spatz auf dem Dach" anstatt „Besser den Spatz in der Hand als die Taube auf dem

Dach") und es daher nun wirklich keinerlei Sinn mehr ergibt, ist das nicht weiter schlimm. Ihre Aufgabe war ja, eine verwirrende Antwort zu geben. Und umso verwirrender, desto besser.

Kurz-und-knapp-Strategie: Verschenken Sie nicht zu viel Aufmerksamkeit

Unverschämte Äußerungen sind nicht intelligent. Verschenken Sie darum auch nicht zu viel Geist, Witz und Charme, wenn Sie auf eine solche Äußerung kontern. Wichtig ist, dass Sie keinesfalls auf den Inhalt des Angriffs eingehen: Rechtfertigen und erklären Sie sich niemals!

Kurz und knapp reichen die folgenden Äußerungen als schlagfertige Antwort oft schon aus. Insbesondere wenn Sie sich noch in raffinierten Erwiderungen üben, können Ihnen die folgenden Beispiele Selbstsicherheit geben. Denn Schlagfertigkeit ist auch eine Frage der inneren Haltung. Wenn Sie Selbstbewusstsein ausstrahlen, weil Sie genau wissen, mit schlagfertigen Antworten gerüstet zu sein, werden Sie erstaunlicherweise von weniger Konfrontationen ereilt. Und wenn dann doch mal eine zu Ihnen durchdringt, wissen Sie ja, was Sie zu sagen haben!

Angriff: „Sie haben ja keine Ahnung wie das hier geht."
Erwiderung: „ Ach was?"

Angriff: „Es gibt da ein Land namens Aggressivistan, dessen Kaiserin müssen Sie wohl sein."
Erwiderung: „So, so."

Angriff: „Ihnen ist sicher eine Laus über die Leber gelaufen, so zickig wie Sie drauf sind."
Erwiderung: „Oh, oh."

Tipp

Wählen Sie bei diesen energiesparenden und immer passenden kurzen Antworten keine Worte aus, die Zustimmung bedeuten. Verzichten Sie also bei Ihren Erwiderungen auf Formulierungen wie „Stimmt", „Ja, ja" oder „Kann schon sein".

Gegenangriffs-Strategie: Lassen Sie sich nichts gefallen

Angenommen, Ihr Gesprächspartner hat gesetzte Grenzen so weit oder mehrfach überschritten, dass Sie ihn nicht mehr mit den kurzen Ausweich-Taktiken oder einem Richtungswechsel davonkommen lassen möchten. Sie wollen mit Ihrem Konter klar belegen, dass Sie die unverschämte Bemerkung genau registriert haben und nicht gewillt sind, diese hinzunehmen. Sie blasen also zum Gegenangriff.

Denkbar sind dabei verschiedene Techniken. Sie können den anderen mit einer noch treffenderen Bemerkung übertrumpfen, seinen Kommentar ins Lächerliche ziehen, den Angriff offen aufdecken oder die Aussage gezielt hinterfragen. Alle diese Techniken haben gemeinsam, dass Sie damit zum Gegenschlag ausholen. Das wird natürlich Auswirkungen auf die momentane Stimmungslage und vielleicht sogar das weitere Miteinander haben. Daher sind Konter-Techniken insbesondere im Vieraugengespräch einsetzbar. Wenn Sie dagegen einen Vortrag halten und einen Gegenangriff zu einem Teilnehmer einläuten, laufen Sie Gefahr, dass sich die Gruppe hinter den Teilnehmer stellt und Sie innerhalb kürzester Zeit allein auf weiter Flur stehen.

Kontern und übertrumpfen

Wir kennen alle das Sandkasten-Prinzip, nach dem sich Kinder streiten. Die Diskussion läuft dann in etwa folgendermaßen ab: „Du bist doof." – „Und du bist noch viel blöder!" Diesen Ablauf übernehmen Sie, natürlich eleganter formuliert, als Vorlage fürs Kontern und Übertrumpfen.

Angriff: „Ich glaube, die Aufgaben wachsen Ihnen über den Kopf. Sie sind überfordert."
Erwiderung: „Na, na, Sie sollten nicht von sich auf andere schließen."

Angriff: „Wenn ich mich richtig erinnere, hat schon meine Kollegin Probleme mit Ihrer undisziplinierten Arbeitsweise gehabt."

Erwiderung: „Das wundert mich nicht. Der Apfel fällt ja nicht weit vom Stamm."

Lächerlich machen

Nach einem ähnlichen Prinzip können Sie die unverschämte Aussage Ihres Gegenübers auch ins Lächerliche ziehen. Sie signalisieren dadurch, dass seine Bemerkung keinen Pfifferling wert ist. Eine solch unqualifizierte Behauptung kann Sie natürlich nicht treffen – im Gegenteil: Sie machen sich auch noch einen Spaß aus der Angelegenheit und lieben es, darauf zu kontern. Wichtig: Sie ziehen dabei nur die Aussage ins Reich der Lächerlichkeit, nicht die Person selbst.

Angriff: „Das ist mal wieder typisch Frau!"
Erwiderung: „Ich bin sehr beeindruckt. Sie haben in der Schule in Biologie anscheinend gut aufgepasst."

Decken Sie den Angriff auf

Eine weitere Kontermöglichkeit besteht darin, den Angriff unerschrocken offen zu legen. Damit rechnen Ihre Gesprächspartner nicht: Sie wollten vielleicht nur ein bisschen sticheln, mal sehen, wie weit man bei Ihnen gehen kann und was Sie sich gefallen lassen. Im Regelfall sind Angreifer aber nicht darauf vorbereitet, dass Sie ihnen den Ball zurückwerfen. Wieder ist das Überraschungsmoment zu Ihrem Freund geworden: Anstatt dem Angegriffenen steht der Angreifer in einer rechtfertigenden Position und muss nun nach erklärenden Worten suchen.

Angriff: „Ich glaube nicht, dass Sie dieser Aufgabe gewachsen sind. Sie haben ja nicht mal studiert."
Erwiderung: „Warum unterstellen Sie mir Inkompetenz?"

Beleidigungen zurückweisen

Wenn wir von verbalen Attacken sprechen, gehört dazu auch die klassische Beleidigung. Mit einer Beleidigung verletzt Sie jemand in Ihrer Ehre und missachtet Sie dadurch. Unter bestimmten Voraussetzungen sind Beleidigungen sogar strafrechtlich verfolgbar. Fällt eine beleidigende Äußerung, schlagen viele Menschen verbal kräftig zurück. In der Folge werfen sie sich Worte und Unterstellungen um die Ohren, die im Nachhinein nicht mehr gutzumachen sind. Viel nervenschonender ist es, dem anderen einen Spiegel vorzuhalten und klar zum Ausdruck zu bringen, wie man die Äußerung empfunden hat. Sagen Sie klipp und klar zu Ihrem Angreifer: „Sie haben mich durch Ihre Worte beleidigt." Unerheblich ist, ob der andere die Meinung vertritt, das sei nur eine harmlose Äußerung gewesen, die Sie zu persönlich genommen hätten.

Denn der andere ist nicht nur verantwortlich für das, was er sagt, sondern auch dafür, wie es bei Ihnen ankommt. Dementsprechend betonen Sie, dass Sie beleidigt wurden und dass Sie eine Entschuldigung dafür einfordern. Wenn Sie sich vor Ihrem geistigen Auge eine solche Situation vorstellen, wird schnell klar, dass hier eine starke Körpersprache von entscheidender Bedeutung ist. Wer diese Worte mit gesenktem Blick und gebeugter Haltung spricht, wirkt längst nicht so überzeugend. Also gilt im wahrsten Sinne des Wortes die Devise: Kopf hoch!

Zustimmungs-Strategie: Wer einem beipflichtet, dem kann man nicht widersprechen

Überlegen Sie sich immer wieder, was der andere von Ihnen erwartet. Welche Reaktion wünscht er sich von Ihnen? Meist hoffen Angreifer darauf, dass Sie unsicher werden oder anfangen sich zu erklären. Sie wissen genau, dass Sie in diesem Moment verloren haben. Denn Sie können schlicht und ergreifend nicht knackig-witzig erklären, warum Sie nicht die Absicht haben, den eigenen Frisör zu verklagen, weil Ihnen die neue Haarfarbe gefällt.

Was aber, wenn Sie Ihrem Angreifer zustimmen? Sie bringen ihn aus dem Gleichgewicht. Unerheblich ist, ob Sie wirklich der Meinung sind, dass der andere Recht hat. Entscheidend ist, dass die Überraschung Ihnen gehört.

Diese Antwortmöglichkeit bietet sich aber nicht für jede freche Bemerkung als Retourkutsche an. Wenn Ihnen jemand zum Beispiel Inkompetenz unterstellt, können Sie nicht mit „Ja, stimmt“ antworten und Ihre eigene Leistungsfähigkeit untergraben. Folgende Varianten sind aber als zustimmende Erwiderungen denkbar:

Angriff: „Sie sind ja verrückt, wenn Sie glauben, dass das funktioniert.“
Erwiderung: „Macht es Sie glücklich, wenn ich Ihnen jetzt Recht gebe?“

Angriff: „Sie haben aber ein seltsames Outfit an.“
Erwiderung: „Stimmt. Sie haben absolut Recht.“

In einer Abwandlung dieser Vorgehensweise können Sie durch Zustimmung auch eine Botschaft hinter der Botschaft ignorieren. Wenn Sie sich an unser Beispiel des Ehepaars im Auto erinnern, sagte darin die Frau zu Ihrem Mann: „Es ist grün!“ Mit diesem Satz brachte sie mehrere Dinge zum Ausdruck. Unter anderem wollte sie ihren Mann zum Weiterfahren auffordern, auch wenn das ihren Worten nicht direkt zu entnehmen war. In einem Satz stecken also verschiedene Botschaften – zum Beispiel:

Angriff: „Ihr Büro ist ja total unaufgeräumt!“
Erwiderung: „Ja, wunderbar. So kann ich kreativ arbeiten.“

Der Angreifer hat Sie wegen Ihres unaufgeräumten Schreibtisches kritisiert. Des Weiteren wollte er Sie dazu auffordern, endlich Ordnung zu schaffen. Sie sind aber durch Ihre pfiffige Erwiderung gar nicht auf diese Botschaft hinter der Botschaft eingegangen. Der Angreifer hat nicht erreicht, was er wollte. Eine ungeschickte Erwiderung Ihrerseits hätte gelautet: „Ja, stimmt. Ich muss dringend aufräumen. Am besten gleich heute." Damit hätte er erreicht, was er wollte, und Sie mit einem schlechten Gewissen zurückgelassen.

Sie können Ihre Antwort auch weiter ausschmücken und etwas länger werden lassen. Zum Beispiel:

Angriff: „Langsamer können Sie die Regale wohl nicht einräumen?"
Erwiderung: „Ja, ich räume sie langsam ein. Aber gerade deshalb arbeite ich sehr gründlich und sorgfältig. Mir geht nichts kaputt und ich mache kaum Fehler. Darum muss niemand meine Arbeit nachbessern und aufwändig kontrollieren. Das spart Zeit und davon profitiert wiederum die ganze Abteilung."

Tipp

Mit dieser umgedeuteten Antwort haben Sie es sogar geschafft, den ursprünglich negativ geprägten Vorwurf in etwas Positives umzudeuten: Sie sind vielleicht langsam, aber sorgfältig – und davon profitieren alle.

Niemand ist immun gegen Komplimente

Eine Tatsache ist, dass kein Mensch immun gegen Komplimente ist. Wir alle hören gern, dass wir etwas gut gemacht haben oder über besondere Begabungen verfügen. In unserer heutigen Gesellschaft wird nur leider viel zu wenig gelobt. Bei den Schwaben gibt es sogar ein Sprichwort, das heißt: „Nicht geschimpft ist genug gelobt."

Insbesondere im Berufsleben sind Komplimente selten anzutreffen. Sehr viel häufiger hören wir von anderen, was schlecht war, als dass mal jemand auf die Idee käme zu loben. Genau dieses Ungleichgewicht und diese Ungerechtigkeit können Sie sich zu eigen machen. Wenn Sie Ihren Angreifer loben, setzen Sie ihn schachmatt.

Gern können Sie Ihr Kompliment mit einer gehörigen Prise Ironie würzen und übertrieben loben. Dann wird das Kompliment umso verwirrender und Sie wissen ja: Je unerwarteter, umso größer die Überraschung und umso gelungener die geistreiche Antwort.

Angriff: „Seien Sie doch nicht so überempfindlich."
Erwiderung: „Vielen Dank für diesen wertvollen Rat."

Angriff: „Das haben Sie aber vergeigt. Mir wäre das nicht passiert."
Erwiderung: „Sie sind ja auch ein Vorbild für mich. Ich lerne jeden Tag aufs Neue von Ihnen."

Angriff: „Was für ein dummer Vorschlag. Dabei werden Sie hier fürs Denken bezahlt."
Erwiderung: „Ihre Motivationsstärke ist wirklich bewundernswert."

Zugeständnisse machen und Diskussionen vermeiden

Es kann ja auch durchaus vorkommen, dass Ihnen jemand zu Recht einen Vorwurf macht. Sie haben einen Fehler gemacht, wollen nun aber eine große Diskussion darum vermeiden. Denkbar ist diese Situation beispielsweise für den Fall, dass Sie zu einer größeren Besprechungsrunde zu spät kommen:

Feststellung: „Sie sind zu spät."
Erwiderung: „Entschuldigung, Sie haben Recht. Es tut mir leid – wird nicht wieder vorkommen."

Mit dieser kurzen, aber umfassenden Antwort haben Sie deutlich gemacht, dass alles zum Thema gesagt wurde. Sie kommen dadurch nicht in die Verlegenheit, vor Ihren Kollegen argumentieren zu müssen, warum Sie zu spät dran sind. Der Grund ist vollkommen unerheblich – zu spät ist zu spät und Pünktlichkeit ist eine wichtige Tugend. Ende der Diskussion.

Frage-Strategie: Wer fragt, lenkt, was der andere denkt

Eine gute Frage-Technik ist wichtige Voraussetzung für Diskussionen und Verhandlungen. Nicht umsonst sind viele Frage-Berufe wie die des Arztes, Lehrers oder Rechtsanwalts hoch angesehen. Gerade in diesen Berufen ist es wichtig, die richtigen Fragen zu stellen, um anhand der Antworten einen Überblick über die Situation oder das vorhandene Wissen zu bekommen. Grundsätzlich werden zwei Fragearten voneinander unterschieden:

Offene Fragen: Bei offenen Fragen steht das Fragewort (wer, wo, wann, wie, was) am Satzanfang. Die Antwort Ihres Gegenübers kann daher nicht nur „Ja“ oder „Nein“ lauten, sondern muss aus einem ganzen Satz bestehen. Ein Beispiel: „Wie stellen Sie sich den Ablauf vor?“
Geschlossene Fragen: Bei geschlossenen Fragen steht meist ein Verb am Anfang der Frage. Die Antwort kann folglich aus einem kurzen „Ja“ oder „Nein“ bestehen. Ein Beispiel: „Möchten Sie eine neue Schreibtischlampe?“

Wenn Sie in der Schlagfertigkeit Fragen als Instrument Ihrer Gegenwehr einsetzen, sind meist nur offene Fragen geeignet. Sie müssen den anderen in Erklärungsnot bringen: Er muss sich rechtfertigen und Sie gewinnen Zeit, um über das weitere Vorgehen nachzudenken. Mit geschlossenen Fragen erreichen Sie genau das nicht: Der andere wirft Ihnen ein kurzes „Ja“ oder „Nein“ vor die Füße und schon müssen Sie sich wieder eine neue Strategie überlegen.

Lassen Sie sich auch nicht dazu hinreißen, nach Ihrer eigentlichen Frage noch eine Erklärung nachzuschieben – auch nicht, wenn Ihr Gegenüber sich mit der Antwort Zeit lässt. Wenn Sie Ihre Frage gestellt haben, müssen Sie nur geduldig sein, aufmerksam zuhören und gegebenenfalls noch einmal zurückfragen.

Angriff: „Ihre Zahlen sind falsch.“
Erwiderung: „Welche Zahlen verwenden Sie, wenn Sie so einen Schluss ziehen?“ (Offene Frage)
Antwort: „Mit den Zahlen aus den bekannten Studien.“
Erwiderung: „Welche Studien meinen Sie?“ (Offene Frage)
Antwort: „Die das Thema betreffen. Die üblichen Untersuchungen, die von uns immer herangezogen werden.“
Erwiderung: „Ich habe jetzt schon zwei Mal konkret nachgefragt, warum Sie der Meinung sind, dass meine Zahlen falsch sind. Bisher konnten Sie mir keine präzise Antwort geben. Ich stelle Ihnen aber gern noch einmal die Grundlagen meiner Berechnungen vor. Wir haben zum einen ...“

In diesem Beispiel war Kernthema die sachliche Kritik an den verwendeten Zahlen. Genauso können Sie mit einer guten Fragetechnik unsachliche Kritik entkräften, also Kritik, die Ihre Person betrifft:

Angriff: „Sie sind aber schwer von Begriff."
Erwiderung: „Was meinen Sie genau, wenn Sie von ‚schwer von Begriff' sprechen?"

Angriff: „Ihre Worte sind totaler Blödsinn."
Erwiderung: „Was verstehen Sie unter totalem Blödsinn?"

Hinweis: Einen totalen Blödsinn gibt es nicht. Entweder etwas ist blöd oder etwas ist es nicht. Eine Steigerung in Richtung „total blöd" existiert nicht.

Eine Rückfrage kann auch genau auf ein Gegenteil ausgelegt sein. Wenn Ihnen etwas vorgeworfen wird, drehen Sie den Vorwurf um und formen daraus eine Frage:

Angriff: „Sie benehmen sich wie ein Weichei."
Erwiderung: „Wäre Ihnen ein arroganter Macho lieber?"

Wichtig ist hierbei, dass das Gegenteil eindeutig keine erstrebenswerte Position ist. Den meisten Menschen würde es schwerfallen, wenn sie zwischen einem „Weichei" und einem „arroganten Macho" Sympathiepunkte verteilen müssten ...

Feststellungs-Strategie: Den Angriff spiegeln

Im Idealfall wählt jeder die eigenen Worte mit Bedacht. Schließlich sollte niemand durch Aussagen verletzt oder gekränkt werden. Die Wahrheit sieht aber anders aus. Vielleicht stand Ihr Gesprächspartner heute Morgen schon im Stau, hatte sein Handy vergessen und erschien verspätet zu einem wichtigen Termin. Dann stellte er fest, dass er die falschen Unterlagen dabei hatte, und schließlich wurde aus dem Termin ein glatter Reinfall.

Klar, diese Vorgeschichte ist eine Erklärung für seine schlechte Laune und sein seltsames Verhalten. Klar ist ebenfalls, dass Sie gar nichts dafür können, was Ihrem Gegenüber heute Morgen widerfahren ist. Dennoch baden Sie jetzt seine schlechte Laune aus, indem Sie sich seinem verbalen Angriff ausgesetzt sehen. Das ist nicht gerecht. Auf derartige Situationen reagieren Sie am besten, indem Sie dem anderen seinen Gemütszustand direkt vor die Nase halten.
Angriff: „Sie machen mich irre."
Erwiderung: „Sie sind im Moment wütend."

Fügen Sie Ihrer Erwiderung keine weiteren Erklärungen an, warum Ihr Gegenüber wütend ist oder warum Sie diese Worte gesagt haben. Zum einen können Sie nicht ganz genau beurteilen, warum der andere schlecht gelaunt ist, und zum anderen würde ihn die Erinnerung an das Erlebte nur noch mehr in Rage bringen. Ihre Antwort ist nur eine Feststellung, die den Gemütszustand des anderen spiegelt. Sie bringen zum Ausdruck, dass Sie seine Worte nicht persönlich nehmen, sondern seinem Ausnahmezustand zuschreiben.

Weitere Beispiele für eine nüchterne Feststellung sind:

Angriff: „Sie sind ja nicht bei Verstand"
Erwiderung: „Sie haben eine andere Meinung als ich."

Angriff: „Ihr Mantel sieht ja aus, als stamme er aus der Altkleidersammlung."
Erwiderung: „Sie haben einen anderen Modegeschmack als ich."

Bei allen Erwiderungen steht an erster Stelle das Wort „Sie/Du". Damit spiegeln Sie dem anderen neutral, was mit ihm los ist, und setzen ihn ins Zentrum der Aufmerksamkeit. Sie selbst sind durch seine Äußerungen nicht beleidigt oder enttäuscht worden. Seine Worte sind an Ihrer Ritterrüstung abgeprallt und finden ihren Weg zu ihm zurück. Sie zeigen, dass Sie den anderen durchschaut haben.

Die Waffen der Frauen

Vielleicht war es Ihnen bisher nicht bewusst: Sie haben als Frau einen entscheidenden Vorteil, wenn es um schlagfertige Erwiderungen geht. Sie können einen harten Satz in der Sache weich machen, indem Sie den

Angreifer zum Beispiel freundlich anlächeln, den Kopf schief legen oder die Worte mit einem lachenden Unterton aussprechen. Dadurch bringen Sie zum Ausdruck, dass Sie die Bemerkung gar nicht ernst nehmen, und spielen gleichzeitig Ihre emotionale Seite aus. Da Frauen und Männer bekanntermaßen unterschiedlich kommunizieren, wirkt dieser Gegensatz zusätzlich verwirrend auf ein männliches Gegenüber. Für ihn stimmen Ihre harten Worte und Ihre weiche Körpersprache nicht überein und er weiß nun nicht, wie er das deuten soll.

Sie bringen zum Ausdruck, dass seine Bemerkung Ihnen offensichtlich Vergnügen bereitet, weil die Worte Sie zum Lachen bringen. Ihrem Angreifer fällt es damit zunehmend schwer, Sie zu attackieren. Dann stünde er nämlich als Spielverderber oder Spaßbremse da. Und das war ursprünglich weder seine Absicht noch ist er jetzt bereit, dieses Risiko einzugehen.

Auf der anderen Seite müssen Sie aufpassen, dass Sie durch ein keckes Lachen Ihr Gegenüber nicht dazu anstiften, weiter unpassende Äußerungen loszuwerden. Womöglich heißt es am Ende noch, Sie hätten es ja herausgefordert. Das bedeutet, dass Sie zwar durchaus eine konkrete Schlagfertigkeits-Technik anwenden (zum Beispiel das Kontern und Übertrumpfen). Dadurch zeigen Sie, dass Sie kein leichtes Opfer sind und Konter geben können. Durch ein begleitendes Lächeln mildern Sie die harten Worte aber ab, tragen zur Stimmungsverbesserung bei und können frisch und frei ein neues Gesprächsthema anschneiden.

Umgang mit kritischem Feedback

Zu unterscheiden sind unsachliche und verletzende Äußerungen von ernst zu nehmendem Feedback. Unter Feedback verstehen wir eine Rückmeldung. Eine Rückmeldung ist wichtig, wenn wir wachsen und lernen wollen. Wir erfahren durch Feedback, wie andere unsere Leistungen beurteilen, und bekommen dadurch hilfreiche Informationen für das weitere Handeln. Feedback wirkt sich daher auf die Persönlichkeits- und Verhaltensentwicklung des Feedback-Empfängers aus.

Nun besteht eine Rückmeldung leider nicht immer aus einem dicken Lob, das anzunehmen frau meist leicht fällt. Manchmal besteht Feedback auch aus Kritik. Kritik hilft zwar ebenfalls bei der persönlichen Weiterentwicklung, ist aber für die meisten Frauen schwerer zu akzeptieren und anzunehmen.

Die meisten Frauen haben also Schwierigkeiten, mit Kritik umzugehen. Sie wissen oft noch Jahre später, wann und wo sie von jemandem kritisiert worden sind, und nehmen sich kritische Äußerungen sehr zu Herzen. Oft haben sie in der Folge regelrecht Angst vor Kritikgesprächen. Sie folgern aus einem gemachten und von anderen kommentierten Fehler, dass sie insgesamt fehlerhaft sind, und sehen darin eine Minderung ihrer Person. Der Grund dafür liegt in der Selbsteinschätzung der meisten Frauen verborgen: Sie sehen den eigenen Wert in ihrer Leistung verankert. Getreu dem Motto: „Du bist, was du leistest.“ Wenn nun ein Fehler passiert ist, bedeutet das für sie in der Schlussfolgerung, dass weniger Leistung und damit auch weniger „Sein" vorliegt. Daraus folgt wiederum eine Überempfindlichkeit gegenüber kritischen Bemerkungen. Logisch, schließlich wird mit der kritischen Äußerung dann die eigene Person herabgesetzt – und das darf frau natürlich nicht zulassen!

Männer dagegen gehen mit Kritik ganz anders um. Sie nehmen kritische Äußerung zwar wahr, nehmen sie aber nicht so ungefragt hin, wie Frauen das gern tun. Frauen sehen aufgrund der engen Beziehung von Leistung und Selbstwert in der Kritik eine Art „Liebesentzug". Sie sind aufmerksam und empfindlich gegenüber kritischen Äußerungen. Hören sie eine Bemerkung, die ansatzweise kritisch ist, können sie sich damit stundenlang beschäftigen. Sie fragen sich, ob sie wirklich etwas falsch gemacht haben, welche Konsequenzen sich daraus ergeben, und sind von ihren Leistungen schnell enttäuscht. Daher lassen sich Frauen auch rasch entmutigen: Wenn sie zum Beispiel eine neue Idee entwickelt haben, ist diese natürlich noch nicht ausgereift oder komplett durchdacht. Wenn sie in dieser Phase auf jemanden treffen, der entweder selbst kein Vorstellungsvermögen hat, grundsätzlich ein negativ denkender Mensch ist oder ihnen gegenüber negativ eingestellt ist, kann das fatale Folgen haben. Bemerkungen wie „So ein Blödsinn. Das funktioniert nie", „Wenn es so leicht wäre, hätten das schon andere ausprobiert" oder „Das haben wir noch nie so gemacht" haben dann plötzlich die Macht, sie zu verunsichern.

Nicht so bei Männern: Männer sehen Kritik als Aufforderung an, den Kritikgeber zuerst einmal auf Herz und Nieren zu prüfen: Ist der andere überhaupt fähig und berechtigt, Kritik zu üben? Es entwickelt sich ein Gespräch, in dem es durchaus zum harten Austausch von Meinungen und Fakten kommen kann. Der Mann als Kritik-Empfänger erklärt im Regelfall zunächst, warum er so gehandelt hat und warum diese Handlung genau richtig war. Er prüft damit den Kritik-Geber auf seine Standhaftigkeit und seine Begründung für die zweifelnde Äußerung.

Hintergrund für diese Verhaltensweise ist die Tatsache, dass Männer in Gesprächen dominanzorientiert kommunizieren. Sie messen sich gern mit anderen. Daraus folgt, dass eine Kritik nur von jemandem angenommen wird, der als nicht untergeordnet empfunden wird und dementsprechend einem Konfliktgespräch gewachsen ist. Männer machen ihre Kritikfähigkeit stark von der Person des Kritisierenden abhängig. Frauen akzeptieren Kritik von fast jedermann und sind daher auch schneller verunsichert.

Kommt es zu einem Konflikt- oder Kritikgespräch, ist es wichtig, zwischen unsachlicher und sachlicher Kritik unterscheiden zu können. Sachliche Kritik ist ein Geschenk, weil Sie Ihnen hilfreich ist. Unsachliche Kritik dagegen müssen Sie erkennen und sich von ihr abgrenzen. Sie hat keine Berechtigung, auf Ihr Verhalten Einfluss zu nehmen.

Nicht jede Person ist geeignet, Ihnen hilfreiche Kritik zu geben. Gute Kritiker sind nur Menschen, die Kompetenz besitzen und somit etwas von der kritisierten Sache verstehen, sich Zeit für ein Kritikgespräch nehmen und Ihnen wohlgesinnt sind. Bei Menschen, die eine Antipathie gegen Sie hegen, hört sich Kritik fast immer „gemein“ oder unsachlich an. Gerade dann ist es besonders wichtig, dass Sie die Kritik sorgfältig prüfen. Hilfreiche Kritik erkennen Sie an den folgenden Faktoren:

- ❑ Der Kritiker zeigt Respekt vor Ihnen als Person.
- ❑ Der Kritiker drückt sich präzise aus und begründet seine Kritik.
- ❑ Der Kritiker ist bereit, unterstützend oder beratend zur Seite zu stehen.
- ❑ Der Kritiker weist keine Schuld zu.

Manchmal kommt es auch vor, dass jemand ohnehin bei schlechter Laune ist, und Sie kommen ihm jetzt gerade auch noch in die Quere. Seine Kritik ist daher sachlich unbegründet und nur das Ergebnis seines allgemeinen Unmuts. Wenn Sie sich nicht sicher sind, ob Sie einen guten Kritiker vor sich haben, dann fragen Sie mit offenen Fragen nach:

- ❑ „Wie stellen Sie sich eine Lösung des Problems vor?“
- ❑ „Wie würden Sie vorgehen?“
- ❑ „Warum vertreten Sie in diesem Punkt eine andere Meinung?“

Durch solche Fragen erkennen Sie schnell Menschen, die bloß Ihre Idee zerstören wollen, ohne sachliche Argumente in der Hinterhand zu haben. Mit Erklärungen oder Begründungen tun sie sich nämlich besonders schwer. Getrost können Sie solchen „Kritikern“ mit kurzen Reaktionen wie „So, so“ oder „Aha“ den Wind aus den Segeln nehmen und wieder zum Thema zurückkehren.

Ein Kritikgespräch verlangt übrigens nach keiner sofortigen Reaktion. Sie dürfen sich ruhig die Zeit nehmen, über das Gesagte nachzudenken. Dementsprechend kündigen Sie an, wie Sie sich das weitere Vorgehen nun vorstellen:

- ❑ „Ich denke über Ihren Vorschlag nach, vielen Dank.“
- ❑ „Ich erledige das bis heute Mittag.“
- ❑ „Ich muss über das Gesagte in Ruhe nachdenken und melde mich wieder bei Ihnen.“

Eine Kritik an der Kritik sollten Sie dagegen nur in Ausnahmefällen loswerden. Selbst wenn Sie zu dem Schluss kommen, dass vor Ihnen ein ungeeigneter Kritiker steht oder es sich um unsachliche Kritik handelt, kritisieren Sie diese nicht, sondern ignorieren sie elegant:

- ❑ „Ihre Meinung ist interessant. Darüber werde ich nachdenken.“
- ❑ „Sie haben eine außergewöhnliche Sichtweise.“
- ❑ „Ich lasse mir Ihre Worte durch den Kopf gehen.“

Sie lassen dadurch keine Diskussion über die Kritik zu und stellen diese nicht in den Fokus. Erklären oder begründen Sie Ihre Worte nicht weiter.

3 Quickguide: Übung macht den Meister

Zusammenfassend finden Sie hier die Schlagfertigkeitsstrategien, die Sie auf eine verbale Attacke einsetzen können. Diese können Sie als Übungsvorlage verwenden – wie Sie sehen, liegt es nun an Ihnen, einen eleganten Konter auszuwählen:

To do

Beispiel 1:
Angriff: „Typisch Frau. Erst reden, dann nachdenken."
Schlagfertigkeits-Strategie: Ausweichen und ins Leere laufen lassen.
Möglichkeiten:

1. Auf Durchzug schalten
   Sie tun so, als hätten Sie die Bemerkung nicht wahrgenommen, und fahren unbeirrt mit Ihren Ausführungen fort.
2. Mit Gestik und Mimik sprechen
   Signalisieren Sie durch Körpersprache, dass Sie den Angriff wahrgenommen haben. Fokussieren Sie Ihr Gegenüber mit erstaunten Augen, nicken Sie ihm freundlich zu oder notieren Sie die Bemerkung schriftlich. Kommentieren Sie den Angriff aber nicht mit Worten.

3. Missverstehen Sie den Angriff
   Missverstehen Sie die Bemerkung absichtlich. Zum Beispiel: „Typisch blau? Verstehe ich nicht!" Schütteln Sie ungläubig den Kopf und fahren Sie mit Ihren Ausführungen fort.
4. Zeit nehmen
   Bringen Sie zum Ausdruck, dass Sie zu einem späteren Zeitpunkt auf die Worte des Angreifers zurückkommen. Zum Beispiel: „Sie werden sicher verstehen, dass ich im Moment dazu nichts sagen kann und möchte. Lassen Sie mich später darauf zurückkommen."

Wie lauten Ihre gewählte Strategie und die konkreten Worte? Notieren Sie diese schriftlich:

____

____

____

Beispiel 2:
Angriff: „Ihre Kleidung wird ja auch immer knapper."
Schlagfertigkeits-Strategie: Richtung wechseln und den Angriff umleiten.
Möglichkeiten:

1. Gesprächsthema wechseln
   Sie reagieren vollkommen anders, als der Angreifer von Ihnen erwartet. Sie lassen sich nicht provozieren, rechtfertigen sich nicht, sondern wechseln das Thema, zum Beispiel: „Ich frage mich, wann der Umzug in unser neues Bürogebäude stattfinden wird."

2. Mit einem Sprichwort ablenken
   Auch hier reagieren Sie scheinbar unlogisch und verwirren dadurch Ihr Gegenüber. Zum Beispiel: „Na ja, alle Wege führen nach Rom." Erklären Sie das Sprichwort niemals. Wenn der andere nachfragt, fordern Sie ihn dazu auf, die Lösung selbst herauszufinden.

Wie lauten Ihre gewählte Strategie und die konkreten Worte? Notieren Sie diese schriftlich:

____

____

____

Beispiel 3:
Angriff: „Sie sind ja nicht ganz bei Trost."
Schlagfertigkeits-Strategie: Kurz und knapp.
Möglichkeit: Keine Aufmerksamkeit schenken.
Schenken Sie einer dummen Bemerkung keine Aufmerksamkeit. Ihre Erwiderung reduziert sich auf das Mindestmaß an Worten. Zum Beispiel: „Oha.", „So, so" oder „Oh, je".

Wie lauten Ihre konkreten Worte? Notieren Sie diese schriftlich:

____

____

____

Beispiel 4:
Angriff: „Seit ich Sie kenne, hat Geschmacklosigkeit einen Namen."
Schlagfertigkeits-Strategie: Gegenangriff starten.
Möglichkeiten:

1. Kontern und übertrumpfen
   Sie geben eine Antwort, die den anderen übertrifft. Zum Beispiel: „Sie sollten nicht von sich auf andere schließen."
2. Lächerlich machen
   Geben Sie den anderen und seine Bemerkung zum Spott frei. Zum Beispiel: „Ich bin sehr beeindruckt. Sie sind wohl nebenberuflich Modefachmann?"
3. Missverstehen Sie den Angriff
   Missverstehen Sie die Bemerkung absichtlich. Zum Beispiel: „Schrankenlosigkeit? Versteh ich nicht!" Schütteln Sie ungläubig den Kopf und fahren Sie mit Ihren Ausführungen fort.
4. Den Angriff aufdecken
   Sagen Sie, dass Sie den Angriff als solchen entlarvt haben. Zum Beispiel: „Warum unterstellen Sie mir Geschmacklosigkeit?"

Wie lauten Ihre gewählte Strategie und die konkreten Worte? Notieren Sie diese schriftlich:

____

____

____

Beispiel 5:
Angriff: „Was haben Sie denn für Flausen im Kopf?"
Schlagfertigkeits-Strategie: Zustimmung signalisieren.
Möglichkeiten:

1. Einfach zustimmen
   Nehmen Sie den Angriff als solchen nicht auf, sondern stimmen Sie dem Angreifer kurz zu. Damit hat er nicht gerechnet – Ihre Zustimmung macht ihn handlungsunfähig. Zum Beispiel: „Ja, wunderbar. Dadurch kann ich sehr kreativ arbeiten."
2. Zustimmen mit einem Kompliment
   Gegen Komplimente ist niemand immun. Stimmen Sie Ihrem Angreifer zu und machen Sie ihm gleichzeitig ein Kompliment, gern auch übertrieben. Zum Beispiel: „Vielen Dank für Ihren Rat. Sie sind ein Vorbild für mich und ich lerne jeden Tag aufs Neue von Ihnen."
3. Zugeständnis
   Falls die Bemerkung berechtigt ist, können Sie auch zustimmen und Ihre Irritationen entschuldigen. Zum Beispiel: „Sie haben Recht, das ging zu weit."

Wie lauten Ihre gewählte Strategie und die konkreten Worte? Notieren Sie diese schriftlich:

Beispiel 6:
Angriff: „Sie sind ja nicht normal."
Schlagfertigkeits-Strategie: Zurückfragen.
Möglichkeiten:

1. Konkrete Rückfrage stellen
   Entlarven Sie den Angreifer, indem Sie ihm eine Gegenfrage stellen. Sie gewinnen dadurch Zeit, um über das weitere Vorgehen nachzudenken, und bringen ihn gleichzeitig in Erklärungsnot. Zum Beispiel: „Was verstehen Sie unter nicht normal?"
2. Mit dem Gegenteil argumentieren
   Zeigen Sie die (ungute) Alternative zum Gesagten auf. Zum Beispiel: „Wäre Ihnen ein langweiliger Otto-Normalverbraucher lieber?"

Wie lauten Ihre Strategie und die konkreten Worte? Notieren Sie diese schriftlich:

____

____

____

Beispiel 7:
Angriff: „Wegen Ihnen verliere ich den Verstand."
Schlagfertigkeits-Strategie: Den Angriff spiegeln.
Möglichkeit: Den Gemütszustand des anderen benennen.
Ihr Gegenüber ist gerade in schlechter Stimmung. Die Gründe dafür haben nichts mit Ihnen zu tun. Sie spiegeln ihm daher seinen Gemütszustand und gehen nicht auf die Bemerkung ein. Zum Beispiel: „Sie sind wütend." Oder: „Sie haben eine andere Meinung als ich."

Wie lauten Ihre konkreten Worte? Notieren Sie diese schriftlich:

Schlusswort

Der britische Premier Winston Churchill war für seine rhetorische Begabung und seine Schlagfertigkeit berühmt. Während einer Abendveranstaltung wurde er von Lady Astor verbal angegriffen, als diese sagte: „Wenn ich Ihre Frau wäre, würde ich Ihnen Gift in den Kaffee schütten." Daraufhin erwiderte Churchill: „Wenn ich Ihr Mann wäre, würde ich ihn trinken."

Sie sehen also, dass auch umgekehrt ein Schuh daraus wird und auch Männer von Frauen sprachlich attackiert werden können. Dank seiner überraschenden Antwort hat Churchill aber zur allgemeinen Erheiterung und zur weiteren Konversation beigetragen.

Entscheidend ist bei einer schlagfertigen Erwiderung, dass der Angreifer überrascht wird und dadurch der Situation die Schärfe genommen wird. Untersuchungen haben außerdem ergeben, dass sich ein Gespräch besser entwickelt, wenn die Erwartungshaltung nach einer Attacke durchbrochen wird.

Eine überraschende Situation kann aber auch darin bestehen, dass man einfach nur anders reagiert. Eine Schlagfertigkeit ohne Worte gibt es also auch – und im Zweifelsfall ist diese sogar eleganter, als sich durch einen sprachlichen Tiefschlag beim Gegenüber zu revanchieren.

Mit diesen abschließenden Worten möchte ich Ihnen Mut machen, Ihr Licht nicht unter den Scheffel zu stellen und Vertrauen in Ihren rhetorischen Instinkt zu entwickeln. Ich weiß, dass Sie es bravourös schaffen werden!

Ihre
Carolin Lüdemann

Stichwortverzeichnis

Über die Autorin

Carolin Lüdemann ist Juristin und ausgebildeter Business-Coach. Als Karriereexpertin tritt sie in Funk und Fernsehen auf und schreibt Fachbeiträge für verschiedene Zeitungen. An ihren Trainings und Vorträgen nehmen Nachwuchsführungskräfte und Manager aus Industrie, Beratung und Verbänden teil.

Weitere Informationen finden Sie im Internet unter: www.carolin-luedemann.de